Robin Bright

Ekonomia europejska

Robin Bright

Ekonomia europejska

Spotykanie zakończeń

Wydawnictwo Bezkresy Wiedzy

Cover image: www.ingimage.com

Publisher:
Wydawnictwo Bezkresy Wiedzy
is a trademark of
International Book Market Service Ltd., member of OmniScriptum Publishing Group
17 Meldrum Street, Beau Bassin 71504, Mauritius

Printed at: see last page
ISBN: 978-620-0-54607-4

Drogi czytelniku,

książka, którą posiadasz, została pierwotnie wydana pod tytułem "European Economics", ISBN 978-613-9-99652-0.

Jego publikacja w języku polskim jest możliwa dzięki zastosowaniu najbardziej zaawansowanej sztucznej inteligencji dla języków.

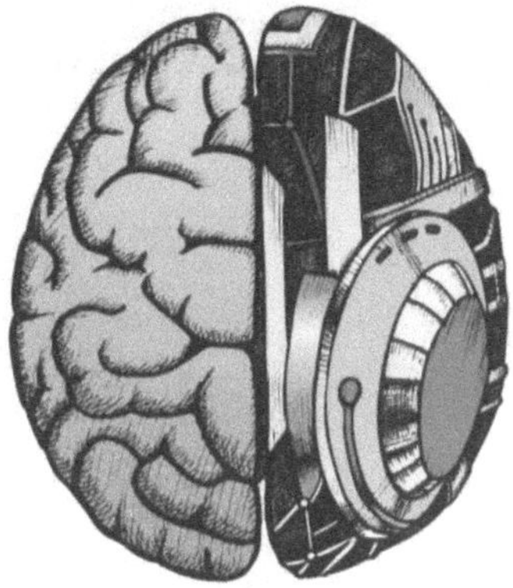

Technologia ta, uhonorowana pierwszą w historii Honorową Nagrodą Sztucznej Inteligencji w Berlinie we wrześniu 2019 r., naśladuje sposób działania ludzkiego mózgu, dzięki czemu jest w stanie uchwycić i przetłumaczyć nawet najmniejsze niuanse w bezprecedensowy sposób.

Mamy nadzieję, że znajdą Państwo wiele satysfakcji z tej książki i uprzejmie prosimy o uwzględnienie wszelkich rozbieżności językowych, które mogłyby wyniknąć z tego procesu.

Miłego czytania!

Wydawnictwo Bezkresy Wiedzy

Ekonomia europejska

Przez

Robin Bright

Spis treści

1. Wprowadzenie: Cenny Inwestor 3

2. Oligarchia i nastrój ekskluzywności komunizmu 5

3. O zachowaniu i finansach 9

4. Na rynkach giełdowych 16

5. Wpływ heurystyki 23

6. Wpływ nastroju 26

7. Wniosek: Przyjęcie strategii A 29

8. Dodatki 31

Dodatek 1 31

Dodatek 2 31

Dodatek 3 33

Dodatek 4 34

Dodatek 5 35

9. Bibliografia 37

1. Wprowadzenie: Cenny Inwestor

Ponieważ postawa determinuje zachowanie, w interesie detalistów jest to, że konsumenci pod pewnymi względami mają słabą postawę, to znaczy, że kupowanie inessentials pod wpływem impulsu jest postawą, którą detaliści staraliby się zachęcić, gdyby poprawiło to sprzedaż. Podobnie zła postawa inwestorów może być pomocna dla tych, którym powierza się inwestowanie w ich imieniu, to znaczy, jeśli w interesie inwestorów na giełdach światowych rynków towarowych jest bardziej zła postawa, to dlatego, że czyni ich rolę niezbędną. Z punktu widzenia indywidualnego inwestora odpowiedzialnego za własny portfel, złe nastawienie nie jest czymś, co kultywowałby sam w sobie, dlatego też finanse behawioralne stały się kluczowym obszarem studiów dla ekonomistów i inwestorów.

Ludzie inwestują dzięki postawom finansowym wynikającym z zainteresowania sprawami finansowymi i/lub konieczności dokonywania zapobiegawczych oszczędności. Chociaż płeć, wiek i wykształcenie są istotne, zachowanie w dużej mierze zależy od obaw o przyszłość i zróżnicowanych stylów decyzyjnych wśród osób w odniesieniu do tendencji do wydatków. Według lekarzy, Ritu Gupta i Neelima, współautorów badań nad indyjskim miastem Chandigarh, `Titudes and Behavior in Everyday Finance: Evidence In Chandigarh` (2016, s. 10-23), `Jest pokusa wydawania pieniędzy, ponieważ sam akt wydatkowania ma wartość, a nie tylko zakupione przedmioty.` (s. 15) Chociaż to`s behawioryzm, to znaczy, że niektórzy ludzie mają tendencję do zachowania się w ten sposób z pieniędzmi, to`s zakupiony towar ma wartość w kategoriach finansowych, a nie behawioralny akt zakupu.

Ponieważ wzorce zachowań nie są możliwe do oddzielenia od osiągnięć, więc brak osiągnięć w kategoriach finansowych wskazuje na nieracjonalność. Racjonalność nie jest jednak prosta. Osoba jest cenna, gdy plastikowy pierścień, lub dziewiętnastowiecznego niemieckiego kompozytora Richarda Wagnera *Ring* Opera (1848-74), jest tak samo cenne jak rubinowy pierścień do nich, ponieważ ci, którzy nie są "cenne nie cenią niczego, co ma znaczenie w zakresie finansów behawioralnych, czyli racjonalnego inwestora lub arbitrażu, musi być cenne sami; jeśli nauka finansów behawioralnych jest mieć udany wpływ na inwestycje.

Chociaż behawioralne finanse mogłyby być interpretowane jako dotyczące słabszych i silniejszych form przymusu, luźno określone jako `reklama`, poprawa racjonalności w arbitrażu poprawiłaby kompetencje inwestorów. Według Brigitte Fünfgeld i Mei Wang, współautorów `Titudes and Behavior In Everyday Finance': Evidence From Switzerland` (2008, s. 108-28), `Dla kobiet brak bezpieczeństwa połączony z brakiem zainteresowania tematyką finansową stwarzają złożone warunki z przyjemnością w wydatkach popartych sprzeczną i silną potrzebą oszczędzania.` (s. 123) Część z tych `złożonych warunków` odnosi się do nastroju. W konsekwencji, to, co wpływa na nastrój, jak pogoda, która wywołuje optymizm lub depresję, ma podstawowe znaczenie dla behawiorystów finansowych.

2. Oligarchia i nastrój ekskluzywności komunizmu

Kraje Bliskiego Wschodu, które są w dużej mierze autokratyczne z ustalonymi prawami dziedzicznymi, lub też rządzone przez oligarchię, to znaczy poprzez trwale ugruntowane bogactwo kilku bogatych w ropę naftową rodzin, które zostały spłacone poprzez posiadanie odziedziczonych majątków, oraz te narody Europy Wschodniej, które nadal są pod władzą komunizmu, stanowią wykluczenie. Pomimo sukcesu modelu kapitalistycznego, który doprowadził do wyzwolenia tych krajów Wschodu (WNP itp.), które były częścią rosyjskiego sowieckiego `satelitarnego` systemu państw zależnych, od czasu zwycięstwa Rosji nad Niemcami w II wojnie światowej (1939-45), istniały państwa położone dalej na wschód od komunistycznej Rosji; w Azji, na przykład, Chiny i Korea Północna, które również pozostały zdecydowanie komunistyczne.

Zbudowany na niemieckiej filozofii społeczno-ekonomicznej Karola Marksa, która została wyrażona w *Das Kapital* (1867), po pierwszej wojnie światowej (1914-18) z Cesarstwem Niemieckim doprowadziła do rewolucji październikowej 1917 roku, w której zniechęcony naród rosyjski obalił ich autokratycznego, dziedzicznego władcę, Car Mikołaj II, rządząca komunistyczna zasada była taka, że `pracownicy [powinni] kontrolować środki produkcji`, tak aby wartość pozostawała na poziomie ludzkim, a nie zawyżona, lub przygnębiona, przez wahania nastrojów maniakalnych inwestorów, i/lub handlowców inwestycyjnych.

Finansowo bez wpływu na ogólny nastrój społeczeństwa, pozytywnie lub nie, stanowi o atrakcyjności oligarchii Bliskiego Wschodu, i scentralizowane państwo kontrolowane przez rosyjski i azjatycki komunizm, gdzie, na przykład, ani ludzie `s depresji, ani `sunshine czynnik`, były częścią równania inwestycyjnego, ponieważ behawioralne finanse nie był`nie czynnikiem o jakimkolwiek znaczeniu dla gospodarek `stałego` modelu, w którym wartość była w dużej mierze zdeterminowana przez państwo, więc nastrój ludzi nie był`nie determinantem.

Giełda Moskiewska (ME) powstała w nowej Federacji Rosyjskiej prezydenta Władimira Putina (1999-) (1991-), czyli w Związku Radzieckim zrestrukturyzowanym przez prezydenta

Borysa Jelcyna (1991-99), po tym jak reformy wprowadzone przez prezydenta Mikaela Gorbaczowa (1990-1) nie dorównały sukcesom politycznym i społeczno-gospodarczym kapitalizmu. Komunistyczny system działania wśród wschodnioeuropejskich `satelitarnych`państw radzieckich skapitulował w akceptacji etosu kapitalistycznego, czyli ducha przedsiębiorczości. Zrestrukturyzowane przez Putina ME przyciągnęło globalne inwestycje instytucjonalne do swojej pierwszej oferty publicznej (IPO) 15 lutego 2013 r., tak więc budując nastroje inwestorów w tworzeniu międzynarodowego centrum finansowego jako części przyszłej rządowej strategii osiągnięcia efektywnego rynku w Rosji w oparciu o ducha przedsiębiorczości. Ponieważ zachęcenie inwestorów "nastrój był wykorzystanie `sunshine factor`, przy jednoczesnej poprawie rentowności zarówno dla sektora prywatnego i publicznego, decyzja ME do przeprowadzenia IPO była częścią wczesnej strategii Rosji, aby ustalić optymizm w swojej wizji efektywnego rynku (EM), to jest, Jak podniesienie ducha przedsiębiorcy była rola behawioralnego naukowca finansów, więc Rosja 's ustanowienie skutecznej hipotezy rynkowej (EMH) dla jego przyszłości uznał, że gdy przedsiębiorczość ma być wspierany, naukowe uzasadnienie dla wzbudzenia ducha przedsiębiorczości kapitalizmu została dostarczona przez behawioralnych finansów.

Na Bliskim Wschodzie, `sunshine factor`, gdzie temperatury są niezmiennie wysokie przez cały rok, pozwala tym, ktżrzy mają pieniądze, aby ocenić swój potencjał inwestycyjny z równością zapewnioną o akceptowalnym zwrocie, podczas gdy taniość lokalnych surowcżw naturalnych, ze względu na centralnie określonej wartości umieszczonej na ropę przez Bliski Wschód i Afryki`s Oil Produkcji i Eksportu (OPEC), oznaczało, że,gdzie prawdopodobieństwo kosztownych rachunków za ogrzewanie zostały zmniejszone, `sunshine factor` było bardziej prawdopodobne, że zostanie zastąpiony przez potrzebę zachowania chłodu w obliczu kosztów klimatyzacji, lub przynajmniej pozostawiając drzwi lodówki otwarte, korzystając z korzyści z tanich `ostałej` gospodarki olejowej, ktżra zapewniła tanią żywność, odzież, i potrzeb żywieniowych, ze względu na równoczesne niskie koszty transportu i dystrybucji towarów i usług.

Mimo, że Saudyjska Giełda Papierów Wartościowych (SSE) dopuszcza inwestorów spoza bogatej w ropę naftową sześcionarodowej Grupy Spółdzielczej (GCC), czyli Bahrajnu, Kuwejtu, Omanu, Kataru, Arabii Saudyjskiej i Zjednoczonych Emiratów Arabskich, po raz pierwszy w 2015 roku, w dążeniu do dywersyfikacji największych gospodarek świata arabskiego z dala od ropy, które następnie stanowiły 90% dochodów rządowych Arabii Saudyjskiej, `ustalony` model zdominował GCC i OPEC, więc efektywność rynkowa w modelu zachodniego kapitalizmu pozostała efektywną hipotezą rynkową (EMH) dla regionu Zatoki Perskiej zasilanego wyłącznie ropą naftową.

Na Dalekim Wschodzie Azji giełda papierów wartościowych na wyspie Hongkong u wybrzeży kontynentalnych komunistycznych Chin pozostała w dużej mierze zderegulowana i niezależna od komunistycznego chińskiego rządu centralnego, ze względu na politykę studiowania kapitalizmu, która została wdrożona przed 1997 r., kiedy to Hongkong, była kolonia brytyjska i dziedzictwo Imperium, powrócił pod kontrolę oficjalnie uznanej władzy. Szanghajska Giełda Papierów Wartościowych nie jest jednak otwarta dla inwestorów zagranicznych, a ścisła kontrola rachunków kapitałowych sprawowana jest przez administratorów, których działania są często manipulowane przez osoby podejmujące decyzje w rządzie centralnym.

Drugą niezależnie działającą giełdą papierów wartościowych w Chińskiej Republice Ludowej (ChRL) jest Giełda Papierów Wartościowych w Shenzhen, na której rząd chiński utrzymuje pakiet kontrolny w notowanych przedsiębiorstwach. Z wariacjami, Bliskiego Wschodu i afrykańskich oligarchii OPEC, a także regionów komunistycznych, ktżre obejmują Rosję, Azję i Daleki Wschód (Korea Północna jest `gospodarka dowodzenia`), są obsługiwane przez `ustalony` model gospodarki, to znaczy, ludzie`s uczucia są podporządkowane scentralizowanej władzy, Więc behawioralne finanse nie jest "odpowiednie podejście naukowe, podczas gdy wśród tych krajów, takich jak Rosja, gdzie Moskwa Exchange (ME), starał się ustalić hipotezę efektywnego rynku (EMH) jako pierwszy krok w kierunku efektywnego rynku (EM), `investor nastroju` jest mowa w skrócie; jako stworzenie o niemal legendarnie nieprzewidywalnych, a nawet niebezpiecznych proporcjach. W związku z tym bliskowschodnie oligarchie, a także komunistyczne kraje Europy Wschodniej i Dalekiego Wschodu obawiają się ograniczenia kontroli rządowej na rzecz uwolnienia rynku, a więc uzależnienia zwrotu z inwestycji od wahań nastrojów inwestorów. Oligarchiczne i komunistyczne rynki, jako systemy, którym nie można pomóc, są zatem wykluczone z parametrów skutecznego badania finansów behawioralnych, które wymaga uwolnienia ducha kapitalistycznego przedsiębiorczego, tak aby naukowe zaszczepienie optymizmu mogło przynieść efekty.

3. O zachowaniu i finansach

Andrew Baker i Ning Tang, współautorzy `Self-Esteem, Financial Knowledge and Financial Behavior` (2016, s. 164-76), zwracają uwagę, że wpływ subiektywności na obiektywne zachowanie ma bezpośrednie skutki finansowe dla inwestycji kapitalistycznych, `Rozróżniamy subiektywną wiedzę finansową od obiektywnej wiedzy finansowej i proponujemy, aby poczucie własnej wartości odnosiło się do zachowań finansowych zarówno bezpośrednio, jak i pośrednio poprzez subiektywną wiedzę finansową.`Dla Bakera i Tanga, poprawa obiektywnej wiedzy finansowej niekoniecznie prowadzi do udanych zachowań finansowych. Sposób prezentacji finansowych powinien być zgodny z poziomem poznawczym konsumentów, aby uniknąć paradoksalnego zmniejszenia ich subiektywnej wiedzy finansowej, poczucia własnej wartości (załącznik 1) oraz sukcesu w zakresie obiektywnych zachowań finansowych. Fakt występowania sezonowych zaburzeń afektywnych (SAD) sugeruje, że na przykład prezentacje w słoneczne dni są bardziej prawdopodobne, że dotrą do ludzi niż te, które są podawane w dni zachmurzone.

Ludzie są starsi lub młodsi. Mają różną podmiotowość w zależności od tego, czy są biedni, czy nie. To zależy od jednostki `s subiektywności, czy wysoka samoocena powoduje, aby zapisać lub wydać, ale `s możliwe, że `sunshine factor`, lub depresyjne overclouding, może mieć wpływ na poczucie własnej wartości, która staje się niska lub wysoka; w zależności od czynników pogodowych. Osoby o tym samym poziomie obiektywnej wiedzy finansowej mają różne doświadczenia w zakresie subiektywnej oceny, przy jednoczesnym zachowaniu odrębnych wyników behawioralnych, których różne subiektywne wpływy na poczucie własnej wartości obejmują wpływy pogodowe.

Farrell, Lisa, Tim R. L. Fry i Leonora Risse, współautorki "The Significance of Financial Self-Efficacy In Explaining Women's Personal Finance Behavior" (2016, s. 85-99) sugerują, że dla kobiety zarządzanie finansami osobistymi polega na samowystarczalności, `...im wyższy poziom samowystarczalności finansowej jednostki, tym większe jest prawdopodobieństwo, że nabyła ona inwestycje w akcje. i nieruchomości, kredytów hipotecznych, oszczędności i ubezpieczenia, a tym mniej prawdopodobne, że są one nabyte kredyty i karty kredytowe.`(str. 86) Samowystarczalność, w kategoriach osobistych finansów, odnosi się do nastroju, i do 28-dniowego cyklu księżycowego, o ile kobieta`s menstruacja wpływa na nią, okres, w ktżrym kobieta`s ciało oczyszcza się, jeśli jej *jajeczko* pozostaje niezapłodnione, i w przygotowaniu do możliwości zapłodnienia w następnym 28-dniowym cyklu księżycowym. Farrel *et al* pozycjonują kobiety jako gorsze od mężczyzn w racjonalnym zarządzaniu swoimi finansami, sugerując jednocześnie działania edukacyjne mające na celu skorygowanie ich irracjonalnego nastroju. Aby uniknąć stresu/niepokoju finansowego, potrzebna jest znajomość finansów. Farrel *i inni* `odróżniają znaczenie samowystarczalności finansowej od wiedzy finansowej`, to znaczy, że samowystarczalność logicznie wymaga wiedzy finansowej, która może pomóc zrekompensować depresyjne skutki okresów menstruacyjnych dla kobiet czujących brak samowystarczalności z powodu ich 28 dni księżycowego cyklu płodności.

Farrel *i inni* zauważają, że "zmienna partnerska" (s. 89) jest ważna w indywidualnym procesie decyzyjnym kobiety; na przykład, kobiety, które spodziewają się być zamężne, nie oczekują, że będą zarządzać własnymi finansami lub będą wykształcone w zakresie zarządzania finansami. Być może z powodu depresyjnych skutków okresu menstruacyjnego co 28 dni, to znaczy, że się poddają. Jak inwestycje, kredyty hipoteczne i oszczędności są uważane za odpowiedzialne zachowanie finansowe, więc produkty związane z długiem, na przykład, karty kredytowe i pożyczki, są symptomem nieodpowiedzialnego zachowania finansowego, które, według Farrel *et al*, jest brak zaangażowania dojrzałych spraw finansowych, co wskazuje na słabą pozycję kobiet.

Maria José Roa García, w swoim artykule "Edukacja finansowa i finanse behawioralne": New Insights into the Role of Information in Financial Decisions` (2013, s. 297-315), sugeruje, że mężczyźni kupują, ponieważ czują się szczupli i chcą być silniejsi; na przykład. Outlay jest podstawą bezpieczeństwa, więc mężczyźni kupują wszystko, co sprawia, że czują się bezpiecznie, a kobiety kupują to, co sprawia, że czują się atrakcyjnie. W związku z tym, `dobry czynnik`, zoptymalizowany przez słoneczne dni, a przygnębiony przez zachmurzone niebo, musi być brany pod uwagę, jeśli chodzi o analizę podejmowania decyzji inwestycyjnych. Nadmierne zaufanie, według García, indywidualnie lub z grupą, może mieć szkodliwy wpływ na zachowania finansowe.

Założenie, że osoby fizyczne aktualizują bazę wiedzy finansowej swojego operatora poprzez zbieranie i wykorzystywanie informacji zależy od racjonalności oczekiwań ludzi. Według Garcíi, w kategoriach psychologicznych, jednostki przechowują informacje zgodne z własnymi preferencjami. Ufają oni swojemu osądowi, gdy wykorzystują tylko część dostępnych informacji (Benabou, 2009), i jest to zgodne z ich preferencjami. Dla Benabou zaufanie jest stanem psychologicznym, w którym jednostki nie wykorzystują w wystarczającym stopniu informacji. Innymi słowy, programować się do działania impulsywnie, lub być prowadzone przez `współczynnik słońca` reklam. Kryzysy finansowe wynikają po części z nadmiernego zaufania wewnątrz kolektywów, jak sugeruje García, a także z indywidualnej uprzedzenia poznawczego, które prowadzą do bardziej ryzykownych inwestycji. To można przypisać do mężczyzn i kobiet `s potrzeby ` czynnika słonecznego`, co sprawia, że czują się bezpieczniej, lub bardziej atrakcyjne, podczas gdy nie są one`logicznie bezpieczniejsze, a porażka inwestycyjna nie jest atrakcyjna.

García argumentuje, że decyzje podejmowane przez agentów w celu przewidywania zmiennych w ramach racjonalnego paradygmatu oczekiwań, czyli modelu cyklu życia, służą do zarządzania ich dochodami, które mają być konsumowane i konsumowane w czasie (Modigliani i Brumberg, 1954). W teorii stałego dochodu (Friedman, 1957) jednostka oczekuje, że otrzyma dochód, konsumując go i będąc konsumowaną. Mówiąc prościej, ludzie są konsumowani i mają budżet na konsumpcję, więc konsumpcja jest tym, na co się ją planuje, co jest podstawową ekonomią z punktu widzenia konsumpcji. W związku z tym oczekiwania są nieracjonalne same w *sobie*, co sugeruje, że ` czynnik słoneczny` jest psychoterapeutycznie niezbędne do przekonania osób do kontynuowania konsumpcji konsumentów. Shafir i Tversky (1992) zauważył, że, gdy zmuszony (zmuszony) do podjęcia decyzji, osoby spędził, nawet jeśli nie było "ich preferencje, co sugeruje, że "czynnik słońca" jest celowo sprzyjał iluzji mające na celu utrzymanie spożywane szczęśliwy.

Akerlof i Dickens (1982) opracowali model dysonansu poznawczego, w którym ludzie zmieniają swoje myślenie nielogicznie, aby dopasować je do siebie. Osoby pracujące w zawodach wysokiego ryzyka wolały wierzyć, że ich niebezpieczna praca jest już bezpieczna, kiedy oferowano im sprzęt, który uczyniłby ich pracę bezpieczniejszą, ponieważ obawiali się bezrobocia, gdyby ich praca była wystarczająco bezpieczna, by być atrakcyjną dla innych.

Asch`s (1955) `zgodność grupy`, czyli przyjmowanie innych` opinii, stanowi wariację na temat` czynnika słonecznego`, gdzie akceptacja grupy jest równoznaczna z odwróceniem twarzy do słońca, co neguje pogląd, że racjonalność jest ważna dla członka grupy.

Takie niepełne zrozumienie jest scharakteryzowane jako "ograniczona racjonalność" (Simon, 1957), w tym przypadku ograniczone przez grupę, której decyzje nie są "logicznie racjonalne ze względu na `sunshine factor` zatwierdzenia grupy określające decyzje. Zgodnie z tym, co Wason (1960) nazwał `congruence bias`, poszukiwanie informacji kończy się, gdy hipoteza jest generowana w odpowiedzi na pytanie; nawet jeśli odpowiedź może być niewystarczająca. Hipoteza ta zastępuje członkostwo w grupie, w przypadku braku zatwierdzenia przez grupę, to znaczy, że jest ona "wystarczającym ` czynnikiem słonecznym` czyniącym zbędnym potrzebę wyjaśnienia, uzasadnienia, lub dalszych informacji (Huber i Seiser, 2001), który jest postrzegany jako odpowiednik pochmurnego nieba.

To nie wiedza finansowa, lecz psychologia jednostki leży u podstaw różnic w zakresie zdolności adaptacji finansowej. Są tacy, którzy ociągają się, bo nowoczesność`s prawie uniwersalna schizofrenia uniemożliwia podejmowanie użytecznych decyzji, i są tacy, którzy obliczają, co kupić na podstawie ich pamięci tego, co kupili wcześniej, którzy`są konserwatywnymi nabywcami, to znaczy, którzy wolą kupić to, co jest znane, podczas gdy niewystarczające zdolności mózgu do przetwarzania informacji wzmacnia konserwatywny wybór; aby uniknąć przeciążenia przez nowoczesność`s ego-fragmenting różnorodność nieograniczone możliwości dokonywania uciążliwych wyborów. Willis (2008) twierdzi, że ofiary oszustw mają wyższą niż przeciętna edukację finansową, co jest interpretowane jako wariacja na temat ` czynnika słonecznego`, to znaczy, że wykształceni finansowo czują się niewrażliwi, podczas gdy przestępcy, odpowiadające metaforycznie wyglądowi chmur burzowych, kierować je i bogatą pozycję, którą "osiągnęli dzięki edukacji.

Ponieważ edukacja finansowa jest takim "czynnikiem słonecznym", jest prawdopodobne, że "istnieje pewien stopień nieświadomie uznanej zmowy pomiędzy infrastrukturą finansową a przestępcą, to jest, ponieważ bogaci czują się nietykalni, w dużej mierze ze względu na oczywiste sukcesy ich edukacji finansowej, są oni "wrażliwi na umysł przestępcy". Według Meiera i Sprengera (2008) niecierpliwi ludzie nie są "skłonni do zaakceptowania edukacji, co niekoniecznie oznacza, że najbogatsi są najbardziej inteligentni, podczas gdy umysł przestępczy, który dąży do bogactwa poza formalną strategią edukacyjną, ma własną inteligencję, która nie jest "podatna na czynnik słoneczny". Jeśli edukacja finansowa jest przeznaczona dla tych, którzy chcą być bogatsi, to przestępcza infrastruktura finansowa nie chciałaby, aby bogaci byli nietykalni, więc niebo zawsze byłoby metaforycznie zachmurzone, co odkrywają ci, którzy mają większe obciążenia podatkowe, ze względu na swoje bogactwo.

Gdy ciemne chmury deszczowe zapowiadają burzliwą pogodę, optymalizując ciepło promieni słonecznych, Transtheoretical Model of Change (Prochaska, 1979; Prochaska i Di Clemente, 1983) pokazuje, jak trwała zmiana zachowań opiera się na przymusie, na przykład, w przekonywaniu osób do spłacania długów. TTM `s `pozytywne zmiany zachowań` przekłada się na `płacenie tego, co jesteś winien`, to znaczy, jeśli chcesz żyć w społeczeństwie przestępczym. George A. Akerlof i Robert J. Shiller, w *Animal Spirits: Jak psychologia człowieka napędza gospodarkę i dlaczego ma ona znaczenie dla globalnego kapitalizmu* (2009), obserwuj, że wiara w arbitraż, `... jest jak zatrudnienie szalonego pogodynarza. ` Handlowanie to kupowanie, gdy ceny są niskie, a sprzedaż, gdy ceny są wysokie. Ponieważ jest to takie proste, umysł przestępcy stara się zachmurzyć niebo pewną jasnością, dlatego też istnieje logika w zakładaniu zmowy między umysłem przestępcy a infrastrukturą finansową.

Dla Akerlof i Shiller, `sunshine factor` ukryty w zaufaniu grupy prowadzi poszczególnych członków grupy do ignorowania dobrych informacji przy podejmowaniu decyzji, co jest określane jako `zakażenie społeczne`. Z rodzinami istnieje `s przewidywalnie mniej ryzyka, i że`s znany jako `gry zaufania` (Berg *i inni*, 1995), ponieważ przymus nie-zależnych członków występuje. W behawioralnych kategoriach finansowych, każdy jest zmuszony, jeśli przymus może zmusić, to znaczy, zaufanie w ramach członkostwa w rodzinie może zawsze być `sunshine czynnik` wdrożone w kategoriach ekonomicznych przez przymusu do korzystania z siebie.

W `Does the Weather Affect Stock Market Volatility?` współautorzy Lazaros Symeonidis, George Daskalakis i Raphael N. Markellos (2010, s. 214-223) empirycznie zbadał związek między zmiennością rynku akcji i nastroje inwestorów związane z pogodą (zachmurzenie, temperatura i opady) i środowiska (długość nocy) z wynikiem, że zachmurzenie i noc, czyli pozbawienie snu, produkowane zmienność w zakresie obrotu na rynku. Według Samuela A. Nelsona (1902), `Podczas normalnych rynków, brokerzy zauważyli, że czynnik psychologiczny jest tak silny, że spekulanci nie są skłonni do handlu tak swobodnie i pewnie w mokrej i burzliwej pogodzie, jak są w suche dni, gdy świeci słońce, a ludzkość jest wesoła i optymistyczna`. (p. 163)

Efekt nasłonecznienia", zgodnie z którym zachmurzenie, mierzone zachmurzeniem, ma znaczną ujemną korelację ze stopami zwrotu z giełdy (Saunders, 1993; Hirshleifer i Shumway, 2003; Chang *et al*, 2008, itd.) wpływa na nastrój inwestorów. Wzrost optymizmu i chęci do zajmowania długich pozycji prowadzi do większych zysków. Temperatura (Cao i Wei, 2005), zmiany w czasie letnim (Kamstra *i in.*, 2000) i SAD (Kamstra *i in.*, 2003; Garrett *i in.*, 2005) również są uważane za powodujące zmienność rynku ze względu na ich wpływ na nastrój, na przykład przy wzroście cen towarów o 20 punktów, lub spadku o 20 punktów, ze względu na inwestorów podążających za nastrojem innych, a więc produkujących środowisko rynkowe, w którym wartości towarów nie odnoszą się do ich ceny.

Według Williama N. Goetzmanna i Ning Zhu, współtwórców `Rain or Shine: Where Is The Weather Effect? ` (29 pp, 2003), a study of weather in New York, Los Angeles, San Francisco, Chicago and Philadelphia, although, `... emotion plays a role in the individual decision making process, it is [more] striking ... that valuation by rational investors does not compensate for ... irrationality.` (p.. 1) Grinblatt, Keloharju (2000) oraz Shapira i Venezia (2001) stwierdzili, że decyzje handlowe zarządzającego funduszem były mniej irracjonalne niż decyzje osób fizycznych, ale nie było żadnych dostrzegalnych czynników zewnętrznych wpływających na nastrój, co sugerowało, że samo zarządzanie funduszem powodowało irracjonalne zachowania finansowe w arbitrażu w trakcie handlu inwestycyjnego, czyli działalność prowadzona przez inwestorów na rynkach akcji sama w sobie była produktywna z irracjonalności niezależnie od czynników wpływających na nastrój.

P. A. Bell, w `Physiological Comfort, Performance And Social Effects of Heat Stress` (1981, s. 71-94) ujawnia, że naukowcy odkryli, że ciepło ma, ` silny negatywny wpływ na ludzkie zachowanie i twierdzą, że przemoc gwałtownie wzrasta w okresach wysokiej temperatury roku.` (1981, s. 71-94) Melanie Cao i Jason Wei, współautorzy `Zwroty na rynku akcji: A Note On Temperature Anomaly` (2005, s. 1559-1573) zgadzają się, że `...niższa temperatura może prowadzić do agresji, podczas gdy wyższa temperatura może prowadzić zarówno do apatii, jak i agresji.` (s. 1559) Agresja powodowała większe ryzyko, odkryli Cao i Wei, podczas gdy apatia utrudniała podejmowanie ryzyka. W konsekwencji, niższe temperatury oznaczały wyższe zyski z zapasów, podczas gdy wyższe temperatury oznaczały wysokie lub niższe zyski z zapasów, w zależności od tego, czy zwiększone ciepło powodowało agresję czy apatię. Cao i Wei, odnajdując dominującą agresję apatii przy wysokich temperaturach, twierdzili, że przy wysokich temperaturach powroty będą niskie.

4. Na rynkach giełdowych

Olha Zadorozhna, doktorantka w Kijowskiej Szkole Ekonomicznej, `Does Weather Affect Stock Returns Across Emerging Markets?` (43 str., 2009), zgodziła się w swojej ocenie Europy Środkowej, Wschodniej i WNP (zob. załącznik 2), że choć w przypadku przedsiębiorstw przemysłowych nie ma oczywistych powodów, aby ich zwroty akcji były `wpływające na pogodę, jak to może mieć miejsce w przypadku przedsiębiorstw z [sektora] rolniczego` (Ch. 5, s. 30), modele wyceny aktywów dla firm na rynkach wschodzących powinny uwzględniać depresyjne skutki pogody, `... gracze rynkowi są bardziej predysponowani do kupowania akcji, gdy pogoda jest dobra i sprzedawania ich, gdy jest zła.`(Rozdz. 6, str. 36) Jednak `... niewiele jest dowodów na systematyczne oddziaływanie pogody na giełdy...,` tak więc pomimo wadliwej hipotezy rynkowej (DMH) teorii ruchu rynkowego opartej na depresyjnych czynnikach psychologicznych w przeciwieństwie do zachowań inwestorów zgodnie z racjonalnymi oczekiwaniami, `... jest mało prawdopodobne, aby można było zarobić na giełdzie na dokładnych prognozach pogody.`(Rozdz. 6, s. 38) Chociaż Zadorożec akceptuje fakt, że słońce daje optymizm rynkowy, twierdzi, że`są one produktywne dla zmienności rynku, z cenami niezwiązanymi z wartością, podczas gdy opresyjna pogoda daje ostrożność, a nie zmienność w handlu inwestycyjnym. W związku z tym, pożądana jest zmienność rynku, lub inaczej, jest ważną kwestią, to znaczy, że handel oparty na optymizmie nie jest celem inwestora, ale raczej zwiększoną wartością w portfelu klienta.

Malcolm Baker i Jeffrey Wurgler, współautorzy `Investor Sentiment in the Stock Market` (2007, s. 129-151), zauważając jednocześnie, że `... [niektóre] decyzje podejmowane przez dużą grupę inwestorów, którzy są przeciętnie mniej wyrafinowani... [są] bardziej skłonni wykazywać uczucia` (s. 7). 142), postrzegają, że jest to "podstawowe założenie finansów behawioralnych, że sentyment ogranicza arbitrażu, `w szczególności, akcje, które są trudne do arbitrażu lub wartości są najbardziej dotknięte przez sentyment.` (str. 149) Przynajmniej brak racjonalnych podstaw do inwestowania daje możliwość określenia, które akcje mogą być najbardziej dotknięte. Podstawą hipotezy o irracjonalności jest to, że pogoda wpływa na uczucia, natomiast nie powinna wpływać na arbitrów.

Alternatywnie, rynki są niestabilne, ponieważ inwestorzy są podatni na psychozę, `... zderzenia mają tendencję do występowania w okresach wysokich nastrojów, ale czas trwania zderzeń w tych okresach jest bardzo trudny do przewidzenia.` (p. 148) Na szczęście, `kontrariańska strategia handlowa` arbitrażu oznacza, że `... siły arbitrażu w końcu się kumulują, aby skorygować błędne wyceny ...,` (str. 134), ponieważ `ceny rynkowe ... zazwyczaj odzwierciedlają podstawy, ogólnie rzecz biorąc, przy czym sentyment odgrywa mniejszą rolę.`(str. 135) Sentyment jest paradoksalnie pozytywny w ułatwianiu przewidywania zwrotów rynkowych (zob. załącznik 3), ponieważ reprezentuje on `chciwość` a`ostrożność` lub `niedobry` a`ostrożność`, `Gdy sentyment jest wysoki ... zyski rynkowe są niskie.` (s. 147) W konsekwencji, w ujęciu predykcyjnym, towary, które wywołują emocjonalny ekstremizm są bardziej przewidywalne, co jest użyteczne dla handlowców, którzy starają się uzyskać korzyści finansowe z niestabilnych wzrostów lub spadków cen:

``W badaniach psychologicznych wykazano, że niektóre zmienne pogodowe wpływają na wydajność i nastrój człowieka, w szczególności godziny nasłonecznienia i poziom wilgotności powietrza. Handlowcy rynkowi, jak inni profesjonaliści, mogą być dotknięte przez te warunki pogodowe i niektórzy autorzy sugerują, że rynki mogą odzwierciedlać to zachowanie. Zgodnie z tym rozumowaniem, w słoneczne dni zyski rynkowe powinny być wyższe niż zwykle ze względu na optymistyczne osądy traderów na temat przyszłej ewolucji indeksów lub cen akcji związane z ich dobrym samopoczuciem, a nie na obiektywne i racjonalne argumenty lub obserwacje. Podobnie, wysoki poziom wilgotności powodowałby nienormalne zmniejszenie zysków w stosunku do negatywnych wyników osiąganych przez przedsiębiorców. W tych warunkach pogoda może mieć bezpośredni wpływ na zwrot z rynku poprzez nastrój handlowców, a nie poprzez fizyczny wpływ na produkcję lub popyt na towary będące przedmiotem obrotu (tak jak w przypadku energii elektrycznej lub innych źródeł energii itp.

Angel Pardo i Eric Valor, współautorzy "Hiszpańskich Zwrotów Akcji": Where is the Weather Effect? ` (2003, str. 117-126), badał Madrycką Giełdę Papierów Wartościowych (MSE), która w 1989 r. przeszła od systemu handlu na parkiecie do systemu przesiewania komputerów połączonych międzynarodowo, umożliwiając tym samym porównania między handlem lokalnym, a nielokalnym, `In `... the "open outcry market" ... trading is performed physically bringing together all the brokers to the market, [while] ... computerized trading system[s allow] ... remote trading from places far from the market.` (p. 125) Nowy system MSE pozwolił arbitrażu wchłonąć wpływ różnych globalnych wpływów pogodowych, `Dowodów empirycznych wskazuje, że niezależnie od systemu transakcyjnego, nie ma wpływu na ceny akcji godzin słonecznych lub poziom wilgotności.` (str. 125) Wniosek był taki, że efektywne hipoteza rynkowa (EMH) została udowodniona, `dochody z akcji hiszpańskich nie są pod wpływem pogody, co wskazuje na racjonalne zachowanie rynku.` (str. 125) W przypadku MSE, odpowiednie wykorzystanie wysokiej technologii ustanowiło `wydajny rynek`:

``To działanie racjonalnych inwestorów próbujących zmaksymalizować swoje korzyści sprawia, że rynki są efektywne. Najwyraźniej istnieje sprzeczność między racjonalnymi inwestorami a efektywnymi rynkami w tym sensie, że gdyby rynki były efektywne, racjonalni inwestorzy przestaliby szukać nieefektywności w celu osiągnięcia korzyści, co doprowadziłoby do nieefektywnych rynków. Sensowne jest myślenie o wydajnym rynku, jak o samonaprawczym mechanizmie, gdzie wszystkie nieefektywności pojawiają się w regularnym okresie czasu, ale znikają niemal natychmiast, gdy inwestorzy je znajdują i handlują (Damodoran, 1996).` (Dima, 2009, s. 401)

Bogdan Dima i Laura Raisa Miloş, po studiach na Giełdzie Papierów Wartościowych w Bukareszcie (2000-09), współautorka `Testingu The Efficiency Market Hypothesis For The Romanian Stock Market` (2009, s. 402-15), `Efficient Market Hypothesis has dominated the field of research on capital market theory`. Stwierdza się w nim, że ceny aktywów są racjonalnie związane z realiami gospodarczymi i zawsze zawierają wszystkie informacje dostępne na rynku.`(s. 402) Zgodnie z Pardo i Valor, Dima i Miloş stwierdzają, że `analiza cen z przeszłości jest bez znaczenia, ponieważ wzorce obserwowane w przeszłości pojawiają się przypadkowo` (s. 404), a więc hipoteza rynku efektywności została udowodniona ku zadowoleniu badaczy w BSE.

Krytyki wydajnej hipotezy rynkowej (EMH) są rozpatrywane w ramach Adaptacyjnej Hipotezy Rynkowej Andrew Lo's (AMH), omówionej w Reconciling Efficient Markets with Behavioral Finance:The Adaptive Markets Hypothesis (Lo, Andrew W. 2005, str. 21-44), w której rynki są uważane za wydajne z zastrzeżeniami behawioralnymi. Po zastosowaniu zasady ewolucji rynku, czyli konkurencji, do interakcji finansowych, beztarciowy ideał EMH nadal wymaga nieograniczonych zdolności poznawczych wśród uczestników, podczas gdy `... jednostki są ograniczone w swoim stopniu racjonalności, dokonują wyborów, które są tylko zadowalające, niekoniecznie optymalne.` (p. 406) Według Andrew Lo`s AMH, jednostki "działają we własnym interesie"; "popełniają błędy"; "uczą się i dostosowują"; konkurują, co "napędza... innowacyjność" i "dobór naturalny kształtuje ekologię rynku" (Rozdz. 5 `Hipoteza rynków adaptacyjnych, 8 marca 2005 r., str. 18) Lo`s zakłada, że jeśli wiele gatunków, czyli typów inwestorów w ramach ekologii rynku, będzie konkurować o skąpe zasoby, będzie to wysoce efektywne.

Zsolt Macskási i Jozsef Molnár`s, "Predictability of the Hungarian Stock Exchange" (1991-1996), wniósł wkład do "Memorandów Badawczych z konferencji "Applied Macro And Micro Economic Modeling for European And Former Soviet Transition Economies" (1996), a naukowcy "dość paradoksalny wniosek, wyciągnęli z ich analizy zwrotu z inwestycji w indeks BUX (1990-6),było to, że BSE (Budapesztańska Giełda Papierów Wartościowych) była nieefektywna, ponieważ "oferowała możliwość zbyt wysokich zysków", podczas gdy większość świeckich inwestorów uważa, że mniej lub bardziej doskonały przykład EMH, podczas gdy dla Dimy i Miloşita wydaje się być wskazówką, że ekonomiści niekoniecznie są przyjacielem handlu inwestycyjnego: `... w kontekście obecnego kryzysu finansowego, gdy emocje i obawy zastąpiły wszelkie zasady teoretyczne, inwestorzy mają negatywny wpływ na ich zachowanie na rynku, co prowadzi do istotnych zmian w rentowności akcji na wschodzących rynkach kapitałowych, takich jak rumuński. (s. 408) Czy Dima i Miloş uważają, że "emocje i obawy" to odchylenie od EMH, czy też aspekt zmienności rynku powodujący wahania korzystne dla inwestorów, jeśli BSE nie jest EMH, jasność inwestora w odniesieniu do tego, co stanowi optymalizację rynku wymaga terminologii bardziej odpowiedniej do wyjaśnienia, dlaczego wysokie zyski są określane jako nieefektywne.

David Hirshleifer i Tyler Shumway, współtwórcy `Dobrego dnia słońca: Zwrotów akcji i pogoda ` (2003, s. 1009-1032), stwierdzić, że, `Psychologiczne dowody i intuicja przypadkowa przewidzieć, że słoneczna pogoda jest związana z upbeat nastroju.` (s. 1009) Hirshleifer i Shumway znaleźć (patrz załącznik 4), `Sunshine jest silnie skorelowane z powrotem akcji.` Ponadto, znaczne wykorzystanie strategii opartych na pogodzie zostały odkryte jako optymalne dla przedsiębiorcy z bardzo niskich kosztów transakcji (patrz załącznik 5), to jest analiza ` czynnika słonecznego` produkowane dywidendy:

``Wysokość efektu słonecznego jest znaczna. Na przykład w przypadku Nowego Jorku nominalny roczny zwrot z rynku w doskonale słoneczne dni wynosi około 24,8 procent rocznie w porównaniu z 8,7 procent rocznie w doskonale pochmurne dni. Jednak z punktu widzenia inwestora, wartość tych różnic w rentowności zależy od strategii inwestycyjnej opartej na sunshine-based trading strategy. Stwierdzamy, że dla bardzo niskich poziomów kosztów transakcyjnych, strategie handlowe oparte na pogodzie generują statystycznie istotną, ale ekonomicznie niewielką poprawę wskaźników portfela Sharpe'a.` (str. 1011)

Współczynnik Sharpe'a, nazwany na cześć jego twórcy, Williama F. Sharpe'a (*ur.* 1934), jest "nadwyżką" zwrotu z inwestycji lub strategii inwestycyjnej, zwykle określaną jako "ryzyko". Hirshleifer i Shumway zauważają, że według Richarda W. Rolla (1992) pogoda `... [jako] prawdziwie egzogeniczny czynnik ekonomiczny ... była ulubionym przykładem ... zmiennej identyfikującej ... jednoznacznie obserwowalnej ... przydatnej w ocenie zdolności rynków finansowych do przetwarzania informacji.` (s. 1010) W związku z tym ` czynnik słoneczny` jest pomocny w minimalizowaniu ryzyka. Taka oczywista obsesja na punkcie minucji, gdy w grę wchodzą miliardy jednostek pieniężnych, nie jest dla ekonomistów nienormalnością. Kristian B. Karlson, Anders Holm (2011) i RichardBreen, na przykład, starali się statystycznie przewidywać czynniki subiektywne przy użyciu tzw. metody KHB (Kohler, U., 2011, s. 15-23), gdzie choć czynniki subiektywne nie są "logicznie przewidywalne", w oparciu o obiektywne statystyki odnoszące się do subiektywności, nieznaczne zastosowanie predykcyjne staje się znaczące dla banków, które uważają, że 0,002 to poprawa w stosunku do 0,001. Ponieważ światło słoneczne wpływa na nastrój, ludzie oceniają go optymistycznie, dlatego istnieje literatura z zakresu psychologii, która wyraża pogląd, że nastrój wpływa na osąd i zachowanie, czyli finanse. Innymi słowy, mimo że efekty nasłonecznienia wydają się banalne dla zwykłego ludu, to są one o wiele bardziej znaczące dla instytucji inwestycyjnych, takich jak banki, które starają się zminimalizować ryzyko dla inwestorów, jednocześnie pracując z ogromnymi sumami, które nie są nawet nominalne dla nich:

``...ludzie czasami przypisują swój nastrój niewłaściwej charakterystyce otoczenia. Na przykład ktoś, kto jest w dobrym nastroju z powodu słońca, może nieświadomie przypisać to uczucie do ogólnie korzystnych perspektyw życiowych. Jeśli taki niewłaściwy wkład rozszerzy się na inwestycje, to ceny akcji będą się wahać w odpowiedzi na nastroje inwestorów. Co więcej, ludzie w dobrym nastroju uważają, że materiał pozytywny jest bardziej istotny i psychologicznie dostępny niż materiał negatywny. Dowody te sugerują, że w ciemne, nudne, ponure, przygnębiające dni zapasy zmniejszą się, podczas gdy wesołe, jasne dni zwiększą zapasy.` (s. 1010)

Oczywiście, taka ocena ` czynnika słonecznego` nie byłaby postrzegana jako nieistotna przez sektor bankowy, co wyjaśnia rozkwitające znaczenie finansów behawioralnych. Hirshleifer i Shumway zbadały indywidualnie związek pomiędzy codziennym zachmurzeniem a nominalnym powrotem na 26 giełdach miejskich na świecie w latach 1982-1997, tj. w Amsterdamie, Atenach, Bangkoku, Brukseli, Buenos Aires, Kopenhadze, Dublinie, Helsinkach, Stambule, Johannesburgu, Kuala Lumpur, Londynie, Madrycie, Manili, Mediolanie, Nowym Jorku, Oslo, Paryżu, Rio de Janeiro, Santiago, Singapurze, Sztokholmie, Sydney, Tajpej, Wiedniu i Zurychu: `...badanie wpływu światła słonecznego na giełdę stanowi atrakcyjny sposób sprawdzenia, czy uprzedzenia psychologiczne mogą wpływać na rentowność akcji.`(s. 1010) Dane Hirshleifer i Shumway`s (Datastream Global Index) obejmowały średnie dzienne zachmurzenie (6:00-16:00), 1988-97): `... wyniki city-by-city mocno sugerują, że istnieje rzeczywisty związek między zwrotem akcji a zachmurzeniem.` (s. 1010) Opowiadają się za strategią zakupu słonecznego portfela i sprzedaży pochmurnego. Według Hirshleifer i Shumway, badanie Saundersa (1993) zgadza się, że "gdy jest pochmurno w Nowym Jorku, New York Stock Exchange [NYSE] zwroty indeksu mają tendencję do bycia negatywnym.`(s. 1014) Jednak jeśli rynki finansowe stały się z czasem bardziej efektywne, to znaczy, że EMH został ustanowiony, Saunders` ` efekt słoneczny` traci swoje znaczenie.

5. Wpływ heurystyki

Proces podejmowania decyzji w oparciu o uczucia został nazwany przez Słoweńców *i innych* (2002) "wpływem heurystycznym". Na decyzje wpływają nie tylko bezpośrednie uczucia, ale także przewidywanie przyszłych uczuć. Heurystyka, jako podejście do rozwiązywania problemów, stosuje praktyczną metodę, która nie jest gwarantowana jako optymalna lub doskonała, ale wystarcza do natychmiastowego działania. Tam, gdzie optymalizacja wydaje się niemożliwa, lub na początku niepraktyczna, heurystyka pracuje nad optymalnym rozwiązaniem. W behawioralnych kategoriach finansowych, analiza `sunshine efekt` jest heurystyczny w poszukiwaniu zwiększonych zysków w oparciu o ustanowienie EMH poprzez minimalizację irracjonalne poprzez maksymalizację czynników sprzyjających arbitrażu.

Ponieważ nastrój najsilniej odbija się na stosunkowo abstrakcyjnych osądach, na temat których ludziom brakuje konkretnych informacji (Clore, Schwarz i Conway, 1994, i Forgas, 1995), zaangażowanie jednostek w heurystykę (Bless, Schwarz i Kemmelmeier, 1996, i Isen, 2000) odzwierciedla braki poznawcze lub skuteczne uproszczenie. Ponieważ złe nastroje stymulują ludzi do angażowania się w szczegółową działalność analityczną, dobre nastroje są heurystyczne (Schwarz, 1990; Petty, Gleicher i Baker, 1991; oraz Sinclair i Mark, 1995), ponieważ obawy tych, którzy są zadowoleni finansowo są natychmiast wystarczające. Badania pokazują jednak, że ludzie w dobrych nastrojach są otwarci na słabe i mocne argumenty (Mackie i Worth, 1991), co sugeruje, że podejście heurystyczne powinno być wzmocnione arbitralnie. Bless *et al* (1996) dowód dobrych nastrojów jako powodujące poleganie na `istniejących strukturach wiedzy`, ale bez spadku efektywności myślenia, co sugeruje, że arbitraż jest logicznie wykorzystywane do zwiększenia heurystyczne podejście, gdy stosowane przez zrelaksowany jednostki.

Emocje wpływają na ocenę zarówno tego, jak korzystne są perspektywy na przyszłość (Johnson i Tversky, 1983; oraz Arkes, Herren i Isen, 1988), jak i na ocenę ryzyka (Loewenstein *i in.*, 2001, oraz Slovic *i in.*, 2002), czy jest ono negatywne czy pozytywne, co jest ważnym czynnikiem dla finansów behawioralnych, ponieważ ustanowienie EMH w oparciu o arbitraż nie dotyczy tego, czy ludzie czują się dobrze czy nie. Jego celem empirycznym jest wyjaśnienie czynników egzogenicznych w celu ułatwienia bardziej skutecznego arbitrażu. W związku z tym, choć dobre nastroje mają istotne zalety, to jednak wywołują więcej twórczych skojarzeń u osób, które lepiej radzą sobie w twórczym rozwiązywaniu problemów i wykazują większą elastyczność umysłową. Ponadto, osoby w dobrym nastroju mają tendencję do opracowywania większej ilości zadań z wykorzystaniem neutralnego lub pozytywnego (ale nie negatywnego) materiału stymulującego (Isen, 2000). Jednak dla behawioralnych finansów nastrój jest tylko czynnikiem, który należy rozumieć w pomocy arbitrażu, bez odniesienia do celowości nastroju lub inaczej, to znaczy, ludzie są bezduszne równania z punktu widzenia systemu.

Cenne może być zbadanie, w jaki sposób pogoda lub inne wskaźniki nastroju wpływają na reakcję rynku giełdowego na wydarzenia informacyjne. Najprostsza hipoteza jest taka, że dobry nastrój sprawi, że reakcja na nowości będzie bardziej korzystna. Jednak ludzka natura sugeruje mieszane rezultaty. Osoby w złych nastrojach reagują silniej, niezależnie od tego, czy wiadomość jest dobra, czy zła. W przeciwieństwie do tego, jak zauważają Hirshleifer i Shumway, osoby w dobrym nastroju silnie reagują na nieistotność: `Ostatnio przedstawiono dowody, że ceny papierów wartościowych, w tym ceny giełdowe, reagują na istotne publikacje informacji, które są nieistotne lub które są już publicznie dostępne, a na reakcję na informacje wpływa forma, w jakiej są one przedstawiane'. (s. 1029) Pozytywne reakcje rynku giełdowego na zbędne lub nieistotne wiadomości, gdy nastroje inwestorów są dobre, to prawdopodobne scenariusze. Jak nastrój wpływa na cenę aktywów, tak nastrój ma swój wpływ. Pogoda, według Hirshleifer i Shumway, jest tylko jednym z czynników wpływających na nastrój, który inwestor może zdyskontować do arbitrażu, zwracając uwagę na jego źródło:

``W danym dniu osoba, która wstrzymuje się z rozważaniem, może być w stanie zidentyfikować inne czynniki, takie jak niewygodne nowe buty, zepsuty klimatyzator, triumf dziecka w szkole lub popularnej lokalnej drużyny sportowej, wiadomości o awansie w pracy lub o zwycięstwie lub porażce narodu w wojnie.` (s. 1029)

6. Wpływ nastroju

Mark Kamstra, Lisa Kramer, i Maurice Levi, współautorzy `Zimowego Bluesa: A SAD Stock Market Cycle` (lipiec 2002-13, 36 str.), bada wpływ sezonowych zaburzeń afektywnych (SAD), które są rzeczywistą chorobą mogącą utrudniać inwestorom i arbitraże inwestorów podczas ich prób maksymalizacji zysków z portfela`... szeroko udokumentowaną chorobą, w której zwięzłość dni jesienią i zimą prowadzi do depresji dla wielu ludzi. Badania eksperymentalne z zakresu psychologii i ekonomii wskazują, że depresja z kolei powoduje wzrost awersji do ryzyka. Bazując na tych powiązaniach między długością dnia, depresji i awersji do ryzyka, dostarczamy międzynarodowe dowody, że zwroty z rynku akcji zmieniają się sezonowo wraz z długością dnia, wynik nazywamy efekt SAD.` (p. i) Kamstra *i inni* odkryli związek między depresją spowodowaną przez SAD i niższym ryzykiem podejmowania działań, co ma wpływ na zyski z inwestycji:

`Depresja związana jest z sezonowymi zaburzeniami afektywnymi (SAD), stanem, który dotyka wielu ludzi w porach roku o stosunkowo mniejszej liczbie godzin światła dziennego. Badania eksperymentalne w dziedzinie psychologii udokumentowały wyraźny związek między depresją a zachowaniami obniżającymi ryzyko w wielu różnych środowiskach, w tym o charakterze finansowym. Poprzez związki pomiędzy SAD a depresją oraz pomiędzy depresją a awersją do ryzyka, sezonowa zmienność długości dnia może przełożyć się na sezonową zmienność zwrotów z kapitału własnego.` (s. 1)

Pozytonowa tomografia emisyjna (PET) ujawnia nieprawidłowości w obszarach kory przedczołowej i ciemieniowej przypadków SAD, czyli SAD jest chorobą fizyczną, a nie psychiczną. Kamstra *i inni* zauważają, że badania eksperymentalne w psychologii dokumentują bezpośredni związek między depresją a awersją do zwiększonego ryzyka. Marvin Zuckerman`s (1984, s. 413-471) stawiający na "poszukiwanie sensacji" środki służące do oceny logicznej przydatności w podejmowaniu ryzyka został uznany za wiarygodny w podejmowaniu decyzji finansowych. Kiedy skłonność do podejmowania ryzyka jest związana z mierzonym poziomem lęku i depresji, według badań Kamstraet *al*, istnieje wyraźna tendencja do większego lęku lub depresji, aby być związane z ograniczonym poszukiwaniem wrażeń i tym samym zmniejszoną ogólną skłonnością do podejmowania ryzyka.

Depresja związana z krótszymi dniami i pokryciem nieba (skala SKC waha się od zera/przejrzystości do ośmiu/przechylenia) przekłada się na większy stopień awersji do ryzyka w kontekście inwestycji giełdowych. Jesień ta przynosi niższe zyski, ponieważ osoby fizyczne, na które wpływ mają SAD, unikają ryzyka i zmieniają równowagę swoich portfeli na korzyść stosunkowo bezpiecznych aktywów. Kiedy dni wydłużają się, Kamstra *i inni* obserwują, należy się spodziewać nienormalnie wysokich zwrotów, ponieważ osoby dotknięte SAD zaczynają wznawiać swoje obciążenie ryzykiem, to znaczy, że jest przewidywalne, że sezonowa depresja, wniesiona przez krótkie dni, prowadzi do niższych zwrotów.

Wraz z pojawieniem się zwiększonej awersji do ryzyka związanego z SAD, według Kamstry *i innych*, ceny rosną mniej szybko niż w przeciwnym razie. Po tym, jak poziom awersji do ryzyka powrócił do poprzedniego, nienaruszonego poziomu pod koniec zimy, ożywienie cen z początkowego niższego poziomu powoduje wzrost zwrotów. Oznacza to, że zyski są niższe jesienią, a wyższe zimą. Ponieważ sezonowy wzorzec zwrotów wywołany przez SAD jest depresyjny, inwestorzy awersyjni unikają ryzykownych aktywów jesienią i wznawiają ryzykowne udziały zimą, jak wynika z badań Kamstra *et al, co prowadzi* do niższych od przeciętnych zwrotów jesienią. Stosując strategię transakcyjną opartą na efekcie SAD, Kamstra *i inni argumentują*, że inwestor zdałby sobie sprawę ze stosunkowo znacznych nadwyżek zysków, podczas gdy transakcje z efektem SAD byłyby kosztowne.

Arbitraż tłumi efekt SAD na mniejszych rynkach półkuli południowej, według Kamstry *i innych*, więc gdyby międzynarodowe rynki kapitałowe były w pełni zintegrowane, czyli gdyby proces tworzenia EMH był w pełni w toku, nastąpiłoby tłumienie efektu SAD na wszystkich półkulach. Inwestorzy z Półkuli Północnej kupowaliby na Półkuli Południowej w czasie, gdy ci na tej półkuli sprzedawali, jak sugeruje Kamstra *i inni,* i na odwrót. Przy dużym i znaczącym efekcie SAD w krajach północnych, generalnie efekt ten jest tym większy, im większa jest szerokość geograficzna. Światło dzienne ma wpływ na nastroje ludzi, a SAD z kolei wiąże się z awersją do ryzyka. Zalecane zabiegi dla zdiagnozowanych

SAD obejmują terapię światłem i modyfikację zachowań za pomocą leków, podczas gdy chorzy są zachęcani do spędzania czasu na świeżym powietrzu, lub do wzięcia urlopu, gdzie światło dzienne i słoneczne są bardziej obfite: zabiegi, które mogą być stosowane w celu wpływania na zyski rynkowe.

7. Wniosek: Przyjęcie strategii A

`sunshine efekt` przez co wiele osób czuje się niewytłumaczalnie, a nawet irracjonalnie, optymistycznie, a choroba, sezonowe zaburzenia afektywne (SAD), co powoduje, że ludzie, którzy doświadczają skutków bardzo mało światła słonecznego, aby doświadczyć tego, co niektórzy lekarze zdiagnozowali jako rodzaj ponurej depresji, mają wpływ na nastrój inwestorów i inwestorów inwestorów, co jest postrzegane przez większość ekonomistów jako rzeczywiste, ale nieistotne, jeśli chodzi o jego znaczenie dla obrotu inwestycyjnego na światowych giełdach. Jednak z punktu widzenia finansów behawioralnych, które dotyczą tego, jak nastrój wpływa na inwestorów i handel pozytywnie lub negatywnie, fakt, że jest możliwe dla inwestora o bardzo niskich kosztach transakcji, aby użyć strategii opartej na pogodzie w celu zwiększenia zwrotu z inwestycji, w połączeniu z faktem, że duże domy inwestycyjne działają na zasadzie, że 0.002 jest znaczący wzrost w stosunku do 0.001, jest argumentem za szerszym wdrożeniem strategii opartej na pogodzie w celu poprawy efektywności hipotezy rynkowej (EMH) i w ten sposób pomóc w uczynieniu efektywnego rynku (EM) stale istniejącą rzeczywistością.

Że inwestor `s z bardzo niskich kosztów transakcji może skorzystać w niewielkim stopniu z pogody strategii opartej na nie jest tu ani tam z perspektywy domów inwestycyjnych, które nie są zainteresowane, czy ludzie`s nastroje są pod wpływem `sunshine efekt`, inne niż to, że behawioralna analiza finansowa, jak nastrój, pozytywne lub negatywne, wpływające na wzrost i/lub spadek cen na rynkach akcji, może poprawić ich zdolność do dokonywania zwrotów. Innymi słowy, nie ma znaczenia, że inwestor z bardzo niskimi kosztami transakcji może poprawić zyski poprzez przyjęcie strategii opartej na pogodzie. Jeśli ludzie doświadczający negatywnych nastrojów huśtają się z powodu SAD, lub którykolwiek z wielu innych przewidywalnych czynników, na przykład, ` efekt słoneczny`, można przewidzieć jako mający wpływ na zyski, to`s nie interesuje domy inwestycyjne, których problemem jest przewidywalność cen, ponieważ inwestorzy i inwestorzy chcą być w stanie inwestować bezpiecznie. W związku z tym, gdyby cała ludność świata cierpiała z powodu SAD i/lub ponurego nieba, tak długo jak ceny na światowych rynkach byłyby przewidywalne, domy inwestycyjne byłyby wygodne, co może wydawać się bezduszne, ale to jest ludzka ekonomia.

8. Dodatki

Dodatek 1

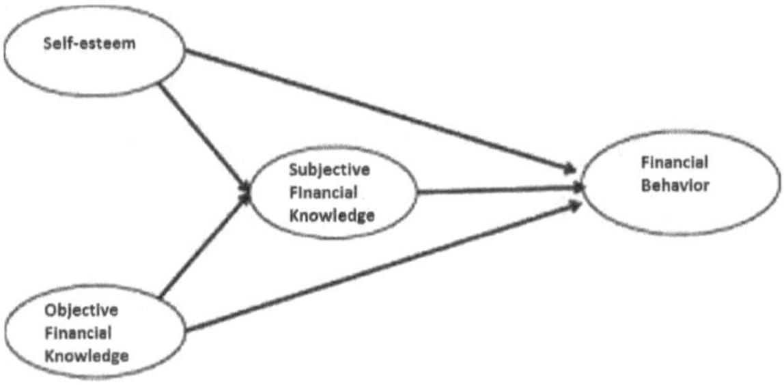

Odróżniamy subiektywną wiedzę finansową od obiektywnej wiedzy finansowej i proponujemy, aby poczucie własnej wartości odnosiło się do zachowań finansowych zarówno bezpośrednio, jak i pośrednio poprzez subiektywną wiedzę finansową. ``- Baker, M. , i J. Wurgler, 2007.

Dodatek 2

Indeks krajowy

PFTS Ukraina Jest to ważony kapitałem wskaźnik cen 20 największych i najbardziej płynnych akcji ukraińskich notowanych na Giełdzie Papierów Wartościowych PFTS.

WIG PolandIt jest indeksem całkowitej stopy zwrotu, który obejmuje wszystkie spółki notowane na rynku podstawowym, z wyłączeniem spółek zagranicznych i funduszy inwestycyjnych.

RTS Russia Indeks 50 rosyjskich akcji, które są przedmiotem obrotu na Giełdzie Papierów Wartościowych RTS w Moskwie.

BUX HungaryOficjalny indeks akcji spółki blue-chip notowanych na giełdzie w Budapeszcie.

PX Czech Rep. Indeks cen emisji błękitnych żetonów, które są przedmiotem handlu na Praskiej Giełdzie Papierów Wartościowych.

BET Rumunia Odzwierciedla ewolucję najbardziej płynnych 10 akcji (z wyjątkiem funduszy inwestycyjnych) i jest najczęściej śledzonym indeksem bukaresztańskiej giełdy papierów wartościowych.

CROBEX Chorwacja Oficjalny indeks akcji Giełdy Papierów Wartościowych w Zagrzebiu, który obejmuje akcje 24 spółek i jest obliczany w sposób ciągły na podstawie najnowszych cen akcji.

SBITOPSlovenia Obejmuje ona tylko najbardziej płynne udziały w

Słoweński rynek papierów wartościowych.

SOFIX BułgariaOficjalny bułgarski indeks giełdowy.

SAX SlovakiaJest oficjalnym indeksem giełdowym Bratysławskiej Giełdy Papierów Wartościowych.

TALSE Estonia Odzwierciedla zmiany w cenach akcji notowanych w

główne i inwestorskie listy Estońskiej Giełdy Papierów Wartościowych

VILSE LitwaJest to ważona kapitalizacją suma łańcuchowa.

wskaźniki zwrotu

PRAWOŁOTWA Łotwa Indeks giełdowy obejmujący wszystkie akcje

notowane na Głównej i Wtórnej Giełdzie Papierów Wartościowych w Rydze

Dodatek 3

Theoretical Effects of Investor Sentiment on Different Types of Stocks

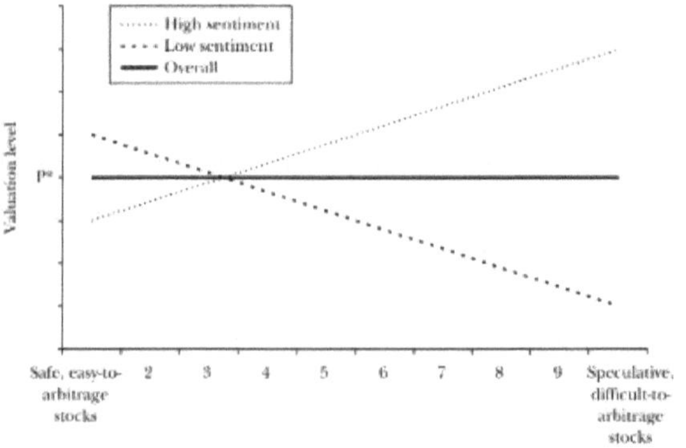

Note: Stocks that are speculative and difficult to value and arbitrage will have higher relative valuations when sentiment is high.

Dodatek 4

Summary Statistics

Table I displays a number of summary statistics that describe the sample. The time series for each city listed in column 1 begins in the year listed in column 2 and ends on December 31, 1997. The variable described as Cover is total sky cover, taken from the ISWO data set. Cloud cover ranges from zero to eight in any particular city at any particular time. Columns 3 and 4 report the mean and standard deviation of cloud cover in each city listed in column 1. Columns 5 and 6 report the mean and standard deviation of percentage returns in the local currency for each city.

Location (1)	Begin Date (2)	Mean Cover (3)	STD Cover (4)	Mean Ret (5)	STD Ret (6)
Amsterdam	1982	5.39	2.28	0.057	0.89
Athens	1988	3.23	2.55	0.097	1.81
Bangkok	1982	5.51	1.59	0.056	1.46
Brussels	1982	5.09	2.32	0.057	0.79
Buenos Aires	1988	4.35	2.71	0.496	4.13
Copenhagen	1982	5.35	2.31	0.059	0.88
Dublin	1982	5.84	1.85	0.069	1.06
Helsinki	1987	5.47	2.39	0.044	1.12
Istanbul	1988	3.85	2.58	0.269	2.63
Johannesburg	1982	3.00	2.52	0.075	1.25
Kuala Lumpur	1982	6.80	0.43	0.019	1.44
London	1982	5.74	2.00	0.054	0.86
Madrid	1982	3.42	2.74	0.067	1.06
Manila	1986	5.31	1.92	0.108	1.95
Milan	1982	4.29	2.95	0.052	1.24
New York	1982	4.95	2.72	0.058	0.92
Oslo	1982	5.40	2.37	0.068	1.39
Paris	1982	5.25	2.41	0.054	1.03
Rio de Janeiro	1982	5.17	2.46	0.806	3.79
Santiago	1987	3.28	3.07	0.112	1.00
Singapore	1982	6.70	0.91	0.025	1.16
Stockholm	1982	5.49	2.25	0.074	1.23
Sydney	1982	4.15	2.40	0.048	1.09
Taipei	1982	5.55	2.12	0.088	2.08
Vienna	1982	5.03	2.59	0.056	0.95
Zurich	1982	5.33	2.57	0.067	0.82

Dodatek 5

Tests of Weather-based Trading Strategies

This table displays results of tests of the mean-variance efficiency of a global equity portfolio. The global equity portfolio return is the equal-weighted average of local currency returns of the 26 stock exchanges in the sample. Tests are performed within the framework of Britten-Jones (1999). We estimate regressions of the form

$$1 = \beta_m r_{mt} + \beta_s r_{st} + u_t$$

where r_{mt} is the return on the global equity portfolio and r_{st} is the return to a weather-based strategy on day t. The weather-based strategies that we consider are: the sunny strategy, in which we invest an equal amount in each exchange for which morning total sky cover SKC^*_{it} is negative on day t; the cloudy strategy, in which we invest an equal amount in each exchange for which morning SKC^*_{it} is positive on day t; and the sunny–cloudy strategy, in which we go long the sunny strategy and short the cloudy strategy. Morning SKC^*_{it} is measured from 5 a.m. to 8 a.m. local time in each city on each day. A statistically significant coefficient for a return series in one of our models implies that the return series is an important component of a mean-variance portfolio. The t-statistics are in parentheses.

Model (1)	Market (2)	Sunny (3)	Cloudy (4)	Sunny–Cloudy (5)
Model 1	13.53	13.52		
	(2.92)	(3.39)		
Model 2	43.11		− 16.16	
	(7.59)		(− 3.22)	
Model 3	23.88	9.35	− 6.19	
	(1.45)	(1.24)	(− 0.66)	
Model 4	27.03			7.97
	(10.72)			(3.45)

9. Bibliografia

Akerlof, G.A. , i Dickens, W. "The Economic Consequences of Cognitive Dissonance" w *American Economic Review*, 72, 1982, str. 307-319.

Akerlof, G.A., i Schiller R.J. *Animal Spirits: How Human Psychology Drives The Economy And Why It Matters for Global Capitalism*, Princeton, Princeton University Press, 2009, 230 stron.

Arkes, Hal, Lisa T. Herren i Alice M. Isen "The Role of Potential Loss In the Influence Of Affect On Risk-Taking Behavior" in *Organizational Behavior and Human Decision Making Processes,* 42, 1988, s. 181-193.

Asch, S. `Opinions And Social Pressure` in *Scientific American*, 193, 1955, s. 31-35.

Baker, Andrew, i Ning Tang `Self-Esteem, Financial Knowledge and Financial Behavior` w *Journal of Economic Psychology*, Vol. 54, kwiecień 2016, s. 164-76.

Baker, Malcolm, and Jeffrey Wurgler `Investor Sentiment in the Stock Market` in *Journal of Economic Perspectives*, Vol. 21, # 2, Spring 2007, pp. 129-151.

Bell, P.A. `Physiological Comfort, Performance And Social Effects Of Heat Stress` w *Journal of Social Issues*, 37, 1981, str. 71-94.

Benabou, R. `Groupthink: Collective Delusions In Organizations and Markets", NBER Working Paper 14764, 2009.

Berg, J., Dickhaut, J. , i McCabe, K. `Trust, Reciprocity And Social History` in *Games and Economic Behavior`*, 10, 1995, str. 122-142.

Bless, Herbert, Gerald L. Clore, Norbert Schwarz, Verena Golisano, C. Rabe, i M. Wolk `Mood And The Use of Scripts: Czy bycie w szczęśliwym nastroju naprawdę prowadzi do bezmyślności? `w *Journal of Personality and Social Psychology,* 71, 1996, str. 665-679.

Bless, Herbert, Nobert Schwarz, i Markus Kemmelmeier `Mood and Stereotyping: The Impact of Moods on the Use of General Knowledge Structures' in *European Review of Social Psychology* 7, 1996, str. 63-93.

Bogdan, Dima i Laura Raisa Miloş `Testing The Efficiency Market Hypothesis For The Romanian Stock Market` w *Annales Universitatis Apulensis Series Oeconomica*, 11 (1), 2009, s. 402-15.

Cao, Melanie i Jason Wei. "Zwroty z rynku akcji": Nota o anomalii temperaturowej" w *Journal of Banking and Finance*, 29, 2005, s. 1559-1573.

Chang, S.C., Chen, S.S., Chou, R.K. i Lin, Y.H. `Weather And Intraday Patterns In Stock Returns And Trading Activity` w *Journal of Banking & Finance, 32*, 2008, s. 1754-1766.

Clore, Gerald L., Norbert Schwarz i Michael Conway `Affective Causes And Consequences of Social Information Processing` w Robert S. Wyer, Jr. i Thomas K. Srull (red.) *Handbook of Social Cognition,* 2nd ed., Lawrence Erlbaum, Hillsdale, NJ, 1994.

Damodoran, A. *Wycena inwestycji: Tools And Techniques for Determining The Value of Any Asset*, Wiley Frontiers in Finance, 1996.

Daskalakis, George, Raphael N. Markellos i Lazaros Symeonidis `Does the Weather Affect Stock Market Volatility?`w *Finance Research Letters*, Vol. 7, # 4, 2010, s. 214-223.

Friedman, M. `A Theory of the Consumption Function`, Princeton, NJ: Princeton University Press, 1957.

Farrell, Lisa, Tim R. L. Fry i Leonora Risse "The Significance of Financial Self-Efficacy In Explaining Women's Personal Finance Behaviour" w *Journal of Economic Psychology*, Vol. 54, 2016, s. 85-99.

Forgas, Joseph P. ``Może i wyrok: The Affect Infusion Model (AIM)`w *Psychological Bulletin,* 117, 1995, s. 39-66.

Fünfgeld, Brigitte, i Mei Wang `Uwagi i zachowanie w finansach codziennych: Evidence From Switzerland` in *International Journal of Bank Marketing*, Vol. 27, # 2, 2009, pp. 108-128.

García, Maria José Roa `Kształcenie finansowe i finanse behawioralne: New Insights into the Role of Information in Financial Decisions` in *Journal of Economic Surveys*, 27, # 2, April 2013, pp. 297-315.

Garrett, I., Kamstra, M.J. i Kramer L.A. `Winter Blues And Time Variation In The Price of Risk` w *Journal of Empirical Finance*, 12, 2005, s. 291-316.

Goetzmann, William N., i Ning Zhu `Rain or Shine: Where Is The Weather Effect? ` National Bureau of Economic Research, Working Paper No. 9465, January 2003, JEL No. G12, G14.

Grinblatt, Mark i M. Keloharju `Distance, Language and Culture Bias: The Role of Investor Sophistication` w *Journal of Finance*, 56, 2001, s. 1053-1073.

Gupta, Ritu, i Naleem `Tajemnice i zachowanie w finansach codziennych: Evidence In Chandrigar` in *Orbit-Biz-Dictum*, Vol. 1, # 1, Januar-czerwiec, 2016, s. 10-23.

Hall, C.C., Ariss, L. , i Todorov, A. `Iluzja wiedzy: When More Information Reduces Accuracy And Increases Confidence` in *Organizational Behavior And Human Decision Processes*, 103, 2007, s. 277-290.

Hirshleifer, David, Tyler Shumway. ``Dobrego dnia słońca: Stock Returns and the Weather` in *The Journal of Finance*, Vol. 58, # 3, June 2003, pp. 1009-1032.

Hirshleifer, David, i Tyler Shumway. ``Dobrego dnia słońca: Stock Returns and the Weather`, Weather data from the International Surface Weather Observations (ISWO) obtained from the National Climactic Data Center that measures total sky cover (SKC), http://lwf.ncdc.noaa.gov/oa/ncdc.html .

Huber, O. , i Seiser, G. `Kontrola i przekonywanie: The Effect of Two Types of Justification On Decision Process' in *Journal of Behavioral Decision Making*, 14 (1), 2001, str. 69-85.

Isen, Alice `Positive Affect And Decision Making in M. Lewis and J. Haviland-Jones (eds.) *Handbook of Emotion,* Guilford, New York, 2000.

Johnson, Eric J., i Amos Tversky `Affect, Generalization, And The Perception of Risk` w *Journal of Personality and Social Psychology*, 45, 1983, str. 20-31.

Kamstra, Mark, Lisa Kramer, i Maurice Levi `Zimowy Blues: A SAD Stock Market Cycle`, Federal Reserve Bank of Atlanta Working Paper, 2002-13, 36 stron.

Kamstra, Mark, Lisa Kramer, i Maurice Levi `Zimowy Blues: Dane klimatyczne (zachmurzenie, opady i temperatura) uzyskano z Biblioteki Danych Klimatycznych prowadzonej wspólnie przez Międzynarodowy Instytut Badań nad Prognozowaniem Klimatu i Obserwatorium Ziemi Lamont-Doherty Uniwersytetu Columbia, ingrid.ldeo.columbia.edu.

Karlson, Kristian. B., i Anders Holm, `Dekompozycja efektów pierwotnych i wtórnych: A New Decomposition Method` in *Research in Stratification and Social Mobility,* 29, XXXX, 2011.

Kohler, Ulrich `"Comparing Coefficients Of Nested Nonlinear Probability Models Using KHB`, 9th German Stata Users Group Meeting, Bamberg, 1 July 2011, 1, 25 pp.

Lo, Andrew W. `Hipoteza Rynku Adaptacyjnego: Market Efficiency From An Evolutionary Perspective" w *Journal of Portfolio Management*, Vol. 30, 2004, s.15-44.

Lo, Andrew W. `Pogodzenie wydajnych rynków z finansami behawioralnymi: The Adaptive Markets Hypothesis`, 8 marca 2005, 40 str.

Lo, Andrew W. `Pogodzenie wydajnych rynków z finansami behawioralnymi: The Adaptive Markets Hypothesis` in *Journal of Investment Consulting*, 7, 2005, s. 21-44.

Loewenstein, George F., Elke U. Weber, Christopher K. Hsee i Ned Welch, `Risk As Feelings` w *Biuletynie Psychologicznym* 127, 2001, str. 267-286.

Macskási, Zsolt i Jozsef Molnár `Predictability of the Hungarian Stock Exchange` (1991-1996), Research Memoranda of the Conference "Applied Macro And Micro Economic

Modeling for European And Former Soviet Transition Economies", University of Leicester, Anglia, 1996.

Mackie, Diane M. i Leila T. Worth. `Dobra, ale nie myśl prosto: The Impact Of Positive Mood On Persuasion' in J. Forgas (red.) *Emotion and Social Judgments,* Pergamon, Oxford, 1991.

Meier, S. , i Sprenger, C. ``Zdyskontowanie literatury finansowej: Preferencje czasowe i uczestnictwo w programach edukacji finansowej", Working Paper, 2008.

Modigliani, F. , i Brumberg, R.H. `Analiza użytkowa i funkcja konsumpcji: An Interpretation of Cross-Section Data' in K.K. Kurihara (red.) *Post Keynesian Economics*, New Brunswick, NJ: Rutgers University Press, 1954, s. 388-436.

Nelson, Samuel A. *The ABC of Stock Speculation*, Nelson's Wall Street Library, Volume V, S.A. Nelson, New York, 1902.

Pardo, Angel, i Eric Valor. ``Wracają hiszpańskie akcje: Where is the Weather Effect? ` in *European Financial Management*, Vol. 9, # 1, 2003, pp. 117-126.

Petty, Richard E., Faith Gleicher, and Sara M. Baker `Multiple Roles For Affect In Persuasion` in J. Forgas (ed.) *Emotion and Social Judgments,* Pergamon, Oxford, 1991.

Prochaska, J. O. *Systemy Psychoterapii: A Transtheoretical Analysis*, Homewood, IL: Dorsey, 1979.

Prochaska, J.O. , i Di Clemente, C.C. `Stapy i procesy samozagrożenia w paleniu: Toward An Integrative Model of Change` in *Journal of Consulting and Clinical Psychology*, 5, 1983, s. 390-395.

Roll, Richard W. `Pogoda` w Peter Newman, Murray Milgate, i John Eatwell (red.) *The New Palgrave Dictionary of Money and Finance,* Macmillan Press, Londyn, 1992.

Saunders, E.M. `Ceny akcji i Wall Street Weather` w *American Economic Review*, 83, str. 1337-1345.

Schwarz, Norbert `Feelings jako informacja: Informational And Motivational Functions of Affective States' in R. Sorrentino, and E.T. Higgins (eds.) *Handbook of Motivation and Cognition,* Guilford Press, New York, 1990.

Shafir E. , i Tversky, A. `Thinking Through Uncertainty: Nonconsequential Reasoning And Choice` in *Cognitive Psychology*, 24 (4), 1992, s. 449-474.

Shapira, Zur, i Itzhak Venezia `Patterns of Behavior of Professionally Managed and Independent Investors` w *Journal of Banking and Finance*, 25 (8), sierpień 2001, str. 1573-1587.

Simon, H.A. `A Behavioral Model of Rational Choice` in H.A. Simon (red.), *Models of Man, Social And Rational: Eseje matematyczne na temat racjonalnego zachowania człowieka w środowisku społecznym*, Nowy Jork: Wiley, 1957, str. 79-87.

Sinclair, Robert C., i Melvin M. Mark `Wpływ stanu nastroju na dokładność osądu: Processing Strategy As A Mechanism` in *Cognition and Emotion,* 9, 1995, s. 417-438.

Slovic, Paul, Melissa Finucan, Ellen Peters i Donald G. MacGregor `The Affect Heuristic` w T. Gilovich, D. Griffin i D. Kahnemann (red.) *Intuicyjny osąd: Heurystyka i uprzedzenia, Cambridge* University Press, Cambridge, Wielka Brytania, 2002.

Wason, P.C. `On The Failure to Eliminate Hypotheses In A Conceptual Task` w *Quarterly Journal of Experimental Psychology*, 12 (3), 1960, s. 129-140.

Willis, L.E. `Against Consumer Financial Literacy Education` in *Iowa Law Review*, 94 (1), 2008, s. 197-285.

Zadorozhna, Olha `Does weather affect Stock Returns Across Emerging Markets` ` A Thesis Submitted In Partial Fulfillment Of The Requirements For The Degree of M.A. In Economics, Kiev School of Economics, 2009, 43 str.

Zuckerman, Marvin. `Poszukiwanie sensacji: A Comparative Approach to a Human Trait` in *Behavioral and Brain Science*, 1984, 7, str. 413-471.

Kolibri 360 GmbH
Ferdinand-Jühlke-Straße 7
99095 Erfurt, Deutschland
produktsicherheit@kolibri360.de

Druck:
CPI Druckdienstleistungen GmbH
im Auftrag der
Kolibri 360 GmbH
Ferdinand-Jühlke-Str. 7
99095 Erfurt